I Bryn, rhif pedwar, sy'n gwirioni ar fy ynys hefyd. MD

I Mal. AW

Cyhoeddwyd *Mali a'r Dolffiniaid* gan Graffeg yn 2022.

ISBN 9781802581324

Mae cofnod catalog CIP ar gyfer y llyfr hwn ar gael o'r Llyfrgell Brydeinig.

Molly and the Dolphins (fersiwn Saesneg)
ISBN 9781802580792

Muireann agus na Deilfeanna (fersiwn Gwyddeleg)
ISBN 9781912929276

Adnoddau Dysgu
www.graffeg.com/pages/teachers-resources

1 2 3 4 5 6 7 8 9

MIX
Paper from responsible sources
FSC® C014138

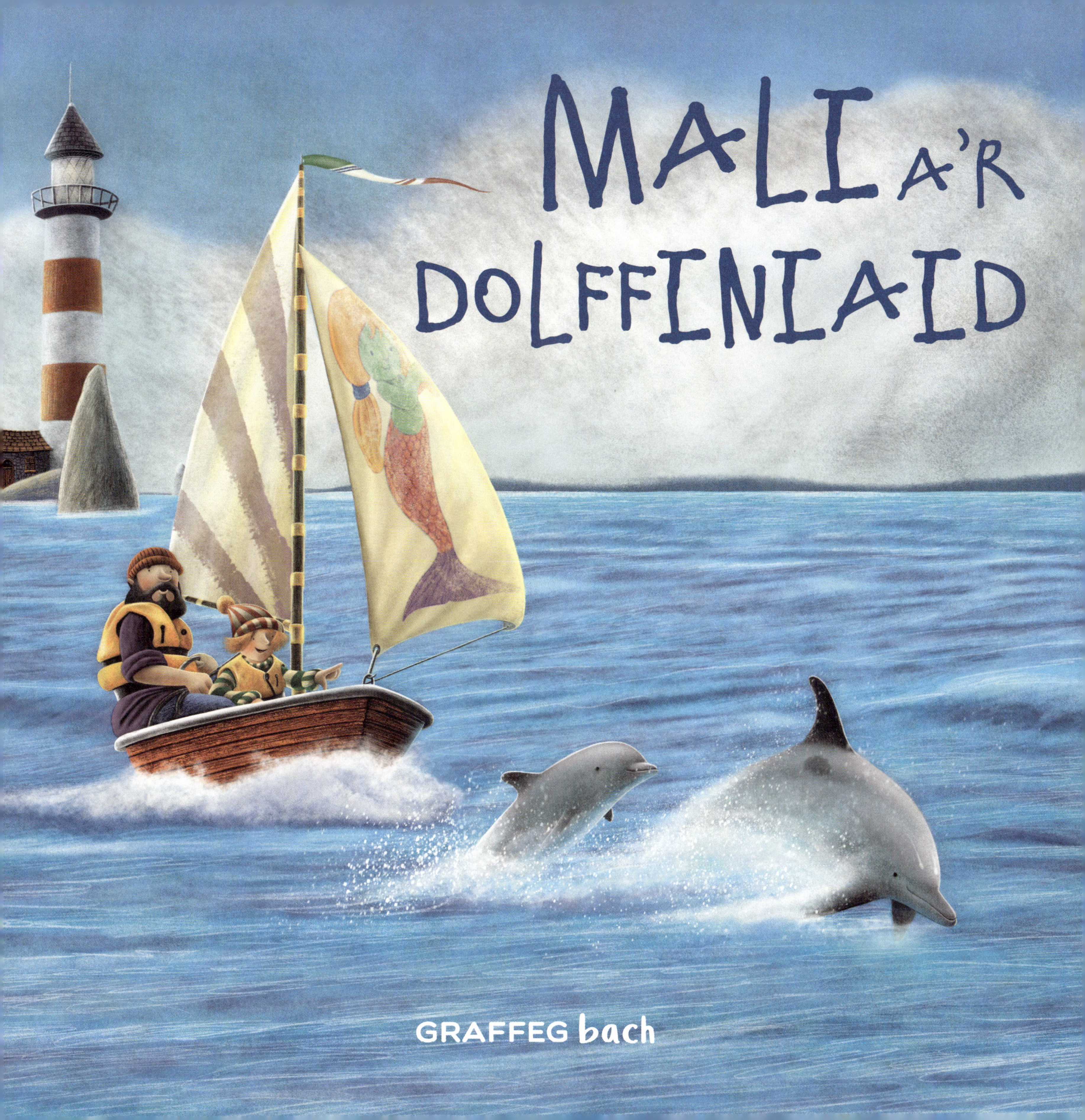
MALI A'R
DOLFFINIAID
GRAFFEG bach

‘Mali,’ meddai ei thad, ‘mae gen i anrheg i ti.’

Dilynodd Mali ei thad at yr harbwr ac yno, yn y dŵr, roedd yna gwch bach hardd.

‘I mi?’ meddai Mali’n syn.

‘Mi wna i dy ddysgu sut i’w hwylio,’ meddai ei thad gan wenu. ‘Dwi’n meddwl dy fod di’n ddigon hen erbyn hyn.’

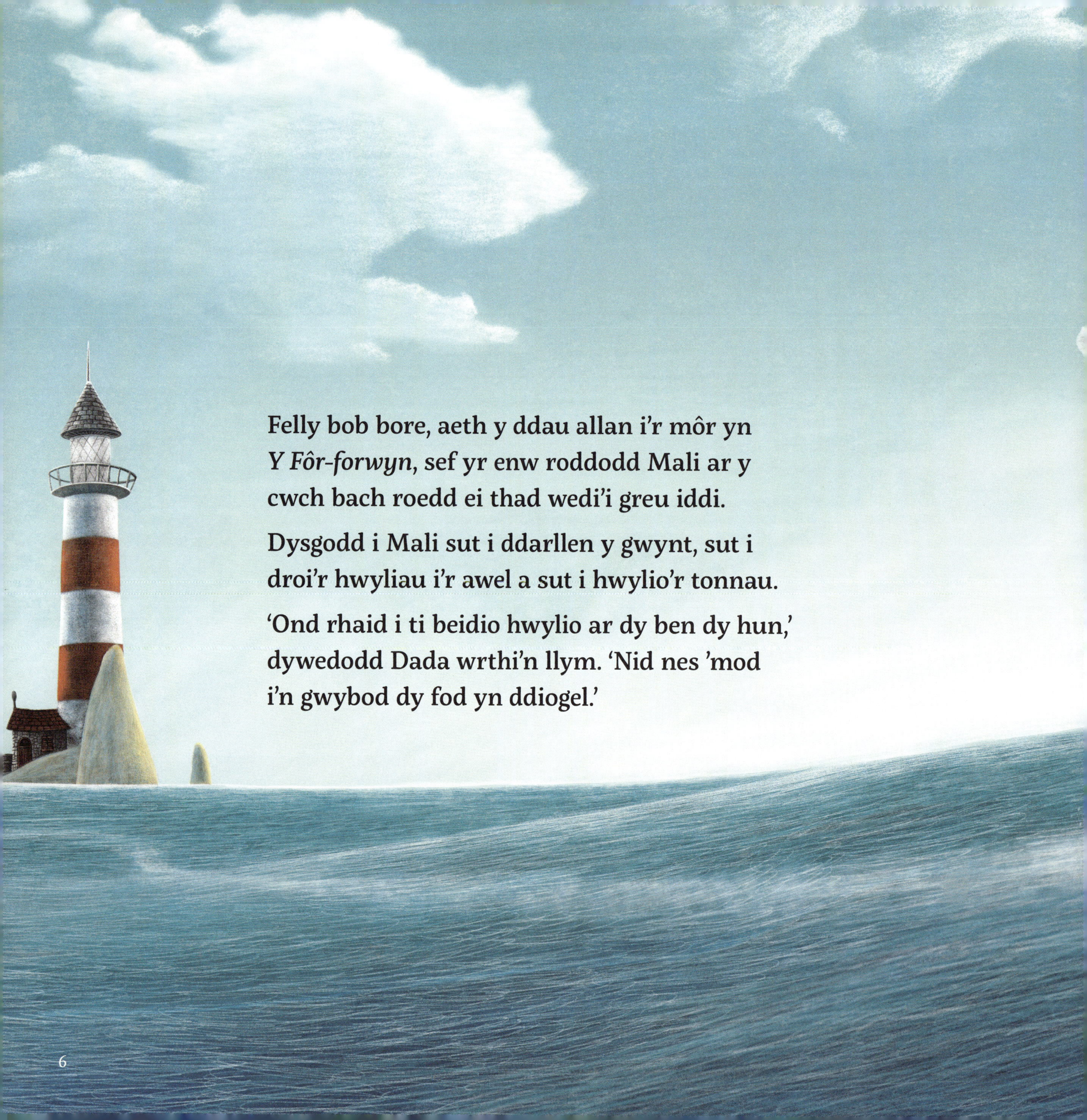

Felly bob bore, aeth y ddau allan i'r môr yn *Y Fôr-forwyn*, sef yr enw roddodd Mali ar y cwch bach roedd ei thad wedi'i greu iddi.

Dysgodd i Mali sut i ddarllen y gwynt, sut i droi'r hwyliau i'r awel a sut i hwylio'r tonnau.

'Ond rhaid i ti beidio hwylio ar dy ben dy hun,' dywedodd Dada wrthi'n llym. 'Nid nes 'mod i'n gwybod dy fod yn ddiogel.'

'Edrycha, Dada,' meddai Mali un dydd. 'Dolffiniaid!'

Ac o'u cwmpas yn y tonnau, roedd dolffiniaid yn llamu a phlymio.

Daeth un ohonyn nhw, wnaeth Mali ei henwi'n Dot, yn ffrind arbennig. Byddai Dot yn nofio wrth ochr y cwch bach bob dydd.

Ac yna roedd dolffin bach yn nofio wrth eu hochr.

‘Rwyt ti wedi cael babi, Dot!’ llefodd Mali. ‘Da iawn ti!’

O'r diwedd, dywedodd tad Mali ei bod hi'n barod i hwylio ar ei phen ei hun.

'Bydda i ar y lan yn gwylio, ond bydd yn ofalus,' dywedodd wrthi. 'Mae'r gwynt yn medru codi'n sydyn iawn.'

Hwyliodd Mali'r *Fôr-forwyn*
o amgylch yr harbwr ac
allan heibio'r goleudy.

Ac roedd hi wrth ei bodd –
dim ond hi a'r môr!

Dim ond Mali, y cymylau,
yr awyr a'r môr!

Dim ond Mali a'r adar a'i
chwch bach arbennig!

Yna gwelodd ei dolffin cyfeillgar – ond roedd rhywbeth o'i le. Rhywbeth mawr.

Roedd ei babi'n sownd mewn rhwyd bysgota.

'O druan â ti!' llefodd Mali. 'Dada, Dada, tyrd i helpu!'

‘Paid â phoeni,’ meddai tad Mali wrth y dolffin bach. ‘Wna i dy dynnu o’r rhwyd mewn dim o dro.’

Ac wrth i’r fam eu gwylio’n ofidus, arhosodd y dolffin bach yn llonydd wrth i Dada dorri’r rhwyd yn ofalus.

Drwy'r haf, tra bod Mali'n dangos i'w ffrindiau Dylan ac Amina sut i hwylio, rasiodd Dot a'r dolffiniaid eraill o'u cwmpas, yn neidio a phlymio.

Cafodd pawb haf i'w gofio ... nes i'r tywydd droi.

Un bore oer hydrefol, roedd Mali allan yn gynnar, ond am y tro cyntaf, ddaeth dim dolffiniaid i'w gweld. Hwyliodd o gwmpas y bae, ond doedd dim sôn amdanyn nhw.
Aeth hi'n bellach ac yn bellach i'r môr mawr ...

Nes iddi sylwi bod cyfeiriad y gwynt wedi troi, ac roedd y cwch bach yn mynd yn fwy ac yn fwy anodd i'w lywio.

Ceisiodd Mali droi am adref, ond llenwodd y gwynt main yr hwyliau, gan ei chario'n bellach o ddiogelwch y lan.

'Help, Dada!' llefodd hi, wrth i'r tonnau godi'n uwch ac yn uwch o'i chwmpas.

Gwnaeth ei thad ei orau i ddod yn nes, er mwyn ei harwain i'r lan, ond roedd y gwynt a'r tonnau'n taro'r cwch bach, gan ei droi i bob cyfeiriad, nes bod Mali'n methu gweld yr ynys mwyach. Doedd hi ddim hyd yn oed yn medru gweld y goleudy.

‘Ble ydw i?’ llefodd.
‘Sut wna i ffeindio fy ffordd adref?’

Ac yn sydyn, roedden nhw yno, o amgylch y cwch bach – Dot, ei babi, a'r haid gyfan.

'Fy nolffiniaid arbennig!' gwaeddodd Mali. 'Ro'n i'n meddwl eich bod chi wedi mynd i'r moroedd cynhesach!'

Nofiodd y dolffiniaid gyda'r cwch bach, ac roedd Mali'n llawer hapusach o gael eu cwmni. Roedden nhw'n nofio'n gyflym, a'r cwch bach yn cael trafferth i'w dilyn.

Yna, yn y pellter, gwelodd fflach y goleudy. Yna'r harbwr – ei harbwr bach hi.

'Fy ynys i!' llefodd Mali. 'Wnaethoch chi ddod â fi 'nôl i fy ynys!'

‘Ac at Dada hyfryd!’ meddai â gwên.

Wrth i'r dolffiniaid ei thywys drwy'r tonnau, hwyliodd Mali'r *Fôr-forwyn* yn araf i ddiogelwch yr harbwr tawel.

'Dwi'n iawn, Dada!' gwaeddodd wrth iddo hwylio ati. Yna, 'Diolch, ddolffiniaid,' meddai'n dawel.

'Diolch am fy nghadw'n ddiogel.'

Ac aeth yr haid – heblaw am Dot a'i babi. Arhoson nhw wrth ochr Mali, yn nofio a gwneud synau clicio llawen.

Mewn dim o dro roedden nhw wedi mynd hefyd.

‘Hwyl fawr, fy nolffiniaid hyfryd,’ gwaeddodd Mali.
‘Wela i chi’r haf nesaf!’

A gwyliodd Mali wrth i’w ffrindiau hardd neidio a phlymio drwy’r tonnau – bob cam i’r gorwel a thu hwnt.

Malachy Doyle

Magwyd Malachy Doyle wrth ymyl y môr yng Ngogledd Iwerddon, ac ar ôl byw yng Nghymru am lawer blwyddyn, mae wedi dychwelyd i Iwerddon. Prynodd ef a'i wraig hen ffermdy ar ynys fach oddi ar arfordir Donegal, a dyma'u cartref bellach gyda'u cŵn, eu cathod a'u hwyaid.

Mae dros gant ac ugain o lyfrau Malachy wedi cael eu cyhoeddi, o lyfrau bwrdd i'r plant lleiaf i nofelau gafaelgar i ddarllenwyr yn eu harddegau. Mae wedi ennill nifer o wobrau pwysig ac mae ei lyfrau wedi'u cyfieithu i ryw ddeg ar hugain o ieithoedd.

Yn ogystal â'r straeon yng nghyfres Mali, *Mali a'r Môr Stormus, Mali a'r Morfil, Mali a'r Goleudy, Mali a'r Cyfnod Clo* a *Mali a'r Llongddrylliad*, rhai o'i deitlau diweddar eraill yw *The Miracle of Hanukkah, Rama and Sita, Jack and the Jungle* a *Big Bad Biteasaurus, A Hundred and One Daffodils, The Hound of Ulster* (Bloomsbury), *Fug and the Thumps* (Firefly Press), *Cinderfella* (Walker Books) a *Ootch Cootch* (Graffeg), wedi'i ddarlunio gan ei ferch, Hannah Doyle.

Andrew Whitson

Daw Andrew Whitson o Belfast ac mae'n artist arobryn sy'n hoffi cael ei alw'n Mr Ando! Mae'n byw mewn hen dŷ ar lethrau bryn niwlog, wrth odrau coedwig lawn swyn, gerllaw castell hud yng nghysgod trwyn cawr. Mae ei dŷ'n edrych dros harbwr Belfast lle adeiladwyd y *Titanic*, ac yn edrych i fyny at Cavehill lle plymiodd awyren fomio Americanaidd – B17 Flying Fortress – i'r ddaear yn ystod yr Ail Ryfel Byd!

Mae Mr Ando yn creu lluniau ar gyfer llyfrau mewn tŵr hen eglwys, ac mae'n cael ei gloi yn yr eglwys yn aml am ei fod yn gweithio yn hwyr yn y nos. Felly mae wedi creu allwedd hud ac mae honno ganddo drwy'r amser – mae'n ei defnyddio er mwyn dianc o'r eglwys pan nad oes neb yn ei weld.

Mae Mr Ando wedi darlunio dros ugain o lyfrau o dan ei enw ei hun. Y diweddaraf o'r rhain yw llyfrau cyfres Mali gyda Malachy Doyle, a chyfres arobryn Rita, sef llyfrau stori-a-llun, gyda Máire Zepf.